essentials

Springer Essentials sind innovative Bucher, die das Wissen von Springer DE in kompaktester Form anhand kleiner, komprimierter Wissensbausteine zur Darstellung bringen. Damit sind sie besonders fur die Nutzung auf modernen Tablet-PCs und eBook-Readern geeignet. In der Reihe erscheinen sowohl Originalarbeiten wie auch aktualisierte und hinsichtlich der Textmenge genauestens konzentrierte Bearbeitungen von Texten, die in maßgeblichen, allerdings auch wesentlich umfangreicheren Werken des Springer Verlags an anderer Stelle erscheinen. Die Leser bekommen „self-contained knowledge" in destillierter Form: Die Essenz dessen, worauf es als „State-of-the-Art" in der Praxis und/oder aktueller Fachdiskussion ankommt.

Rotraud Coriand

Erziehung durch Unterricht – eine Kulturaufgabe

Rotraud Coriand
Universität Duisburg-Essen
Essen, Deutschland

ISSN 2197-6708 ISSN 2197-6716 (electronic)
ISBN 978-3-658-04591-3 ISBN 978-3-658-04592-0 (eBook)
DOI 10.1007/978-3-658-04592-0

Die Deutsche Nationalbibliothek verzeichnet diese Publikation in der Deutschen Nationalbibliografie; detaillierte bibliografische Daten sind im Internet über http://dnb.d-nb.de abrufbar.

Springer VS
© Springer Fachmedien Wiesbaden 2014
Das Werk einschließlich aller seiner Teile ist urheberrechtlich geschützt. Jede Verwertung, die nicht ausdrücklich vom Urheberrechtsgesetz zugelassen ist, bedarf der vorherigen Zustimmung des Verlags. Das gilt insbesondere für Vervielfältigungen, Bearbeitungen, Übersetzungen, Mikroverfilmungen und die Einspeicherung und Verarbeitung in elektronischen Systemen.

Die Wiedergabe von Gebrauchsnamen, Handelsnamen, Warenbezeichnungen usw. in diesem Werk berechtigt auch ohne besondere Kennzeichnung nicht zu der Annahme, dass solche Namen im Sinne der Warenzeichen- und Markenschutz-Gesetzgebung als frei zu betrachten wären und daher von jedermann benutzt werden dürften.

Gedruckt auf säurefreiem und chlorfrei gebleichtem Papier

Springer VS ist eine Marke von Springer DE. Springer DE ist Teil der Fachverlagsgruppe Springer Science+Business Media
www.springer-vs.de

Vorwort

Das vorliegende eBook „Erziehung durch Unterricht – eine Kulturaufgabe" entstammt dem Buch „Sozialerziehung in der Schule", das Maria Limbourg und Gisela Steins 2011 im VS Verlag herausgegeben haben, und das bereits in zweiter Auflage erschienen ist. Es ist das Verdienst der Herausgeberinnen, die gesellschaftliche Bedeutsamkeit von Sozialerziehung interdisziplinär, d. h. aus erziehungswissenschaftlicher, fachdidaktischer, psychologischer und soziologischer Perspektive, zum Thema gemacht zu haben. Die Breite der publizierten 26 Beiträge bietet sowohl Theoretikern als auch pädagogischen Praktikern vielfältige Impulse für Forschungsausrichtungen sowie für die Schul- und Unterrichtsarbeit.

„Sozialerziehung im Unterricht – eine Kulturaufgabe" lautete die ursprüngliche Überschrift des nun aktualisierten und überarbeiteten Aufsatzes von 2011. Der Titel wurde etwas verändert, da – systematisch betrachtet – Unterricht eine Erscheinungsform von Erziehung darstellt und Erziehung als Unterricht immer auch Sozialerziehung ist: In letzter Konsequenz geht es darum zu vermitteln, dass das sachlich Gelernte (der Aneignungsgegenstand) eine Bedeutung im Umgang mit anderen Menschen besitzt, denn jeder ist Teil der menschlichen Gemeinschaft, die er durch sein individuelles Handeln mit prägt. Schülerinnen und Schüler sollen – idealerweise – durch Unterricht Urteilsfähigkeit ausbilden und lernen, aus besserem Wissen, aus Streben nach Erkenntnis mitmenschlich zu handeln.

Inhaltsverzeichnis

1 Systematische Vorüberlegungen 1

2 Unterrichten oder Erziehen? Zum Zusammenhang von
   Erziehung und Unterricht 5

3 Die Kultur des Lehrens und Lernens als Kultur der
   gegenseitigen Aufmerksamkeit 9

Literatur 15

Systematische Vorüberlegungen 1

Obwohl wir alle mehr oder weniger gute Erfahrungen mit Erziehung gemacht haben und Erziehung unser alltägliches Leben begleitet, können wir – ob als Erzieher (Eltern, Großeltern, Kindergärtnerinnen, Lehrerinnen, Sozialpädagogen, Trainer usw.) oder Wissenschaftlerinnen – beim Thema „Erziehung" nur sehr begrenzt auf Gewissheiten zurückgreifen. Die Schwierigkeit, die Wirklichkeiten und Probleme von Erziehung, Bildung und Unterricht zu untersuchen, zu verstehen, verständlich zu machen und zu diskutieren, zeigt sich bereits im Begrifflichen. Jeder, der erzieht und über Erziehung nachdenkt, steht mindestens vor den beiden strukturbestimmenden Fragen: Was wird mit Erziehung beabsichtigt und wie bzw. mit welchen Mitteln kann versucht werden, dem antizipierten Zweck näher zu kommen? Die Antworten sind aufgrund der Verschiedenheit und Unwiederholbarkeit pädagogischer Situationen nahezu unüberschaubar vielgestaltig und spiegeln das jeweilige individuelle Erziehungsverständnis der Antwortgeber bzw. Erziehungsakteure wider. Aber nicht nur im konkreten Erziehungsgeschehen existieren solche Differenzen. Auch in der wissenschaftlichen Beschäftigung mit Erziehung herrscht Uneinigkeit. Denn selbst diejenigen, die Erziehung aus einer kritischen Distanz, d. h. unabhängig von ihren individuellen Erfahrungen und Gefühlen zu definieren versuchen, kommen auf keinen gemeinsamen Begriff, wie die folgende Zeitreise durch erziehungswissenschaftlich einschlägige Definitionen belegt:

- Herbart 1804/³1884, S. 187, Hervorh. i. Orig.: *„Machen, daß der Zögling sich selbst finde, als wählend das Gute, als verwerfend das Böse: dies, oder nichts, ist Charakterbildung! Diese Erhebung zur selbstbewußten Persönlichkeit soll ohne Zweifel im Gemüt des Zöglings selbst vorgehen, und durch dessen eigne Tätigkeit vollzogen werden; es wäre Unsinn, wenn der Erzieher das eigentliche Wesen der Kraft dazu erschaffen, und in die Seele eines andern hineinflößen wollte. Aber die schon vorhandene, und ihrer Natur notwendig getreue Kraft, in eine solche Lage zu setzen, daß sie jene Erhebung unfehlbar und zuverlässig*

gewiss vollziehen müsse: das ist es, was sich der Erzieher als möglich denken, was zu erreichen, zu treffen, zu ergründen, herbeizuführen, fortzuleiten, als die große Aufgabe seiner Versuche ansehen muß."
- Willmann 1876/1980, S. 282 f., Hervorh. i. Orig.: „Die Erziehung [...] besteht in derjenigen fürsorgenden und stellvertretenden Tätigkeit des erwachsenen Geschlechtes, durch welche es das nachwachsende instand setzt und dazu anhält, sich die Grundlagen der Zivilisation und Kultur, welche die Gesellschaft besitzt, zu eigen zu machen. [...] Die Erziehung ist einesteils die Propagation der Kultur und Gesittung auf das nachwachsende Geschlecht. [...] Andernteils aber ist es doch die Fürsorge für den Nachwuchs, welche das Treibende bildet. Seine Förderung erscheint als Zweck und jene Güter nunmehr als *Mittel*. [...] Beide Seiten sind untrennbar verbunden: materiale und formale Seite. *An*bildung – *Aus*bildung. Die materiale allein: *Abrichten*. So auch das doppelte *Motiv* der Erziehung: Liebe zur Nachkommenschaft (natürliche, erziehende Liebe gleichsam eine elementare Kraft) – das Interesse an der Gesellschaft, deren Lebensordnung und ihren Kulturinhalten (das soziale Bewußtsein der sozialen Pflichten)."
- Key 1900/1992, S. 76 f.: „Goethe zeigt schon im ‚Werther' den klaren Blick für die Bedeutung, einer individualistischen und psychologischen Erziehung, den Blick, der das ‚Jahrhundert des Kindes' auszeichnen wird. [...] Ruhig und langsam die Natur sich selbst helfen lassen und nur sehen, dass die umgebenden Verhältnisse die Arbeit der Natur unterstützen, das ist Erziehung."
- Brezinka [3]1995, S. 161: „Unter Erziehung werden Handlungen verstanden, durch die Menschen versuchen, das Gefüge der psychischen Dispositionen anderer Menschen in irgend einer Hinsicht dauerhaft zu verbessern oder seine als wertvoll beurteilten Bestandteile zu erhalten oder die Entstehung von Dispositionen, die als schlecht bewertet werden, zu verhüten."
- Mollenhauer 1997, S. 158: „Erziehung ist der Inbegriff aller Handlungen und deren Produkte, die den Zweck haben, den Nachwuchs mit den (letzten Endes zu rechtfertigenden) Lebensformen der Kultur in ihren Grundlinien vertraut zu machen."
- Winkler 2003, S. 49: „Erziehung ist mithin der Versuch, Bedingungen zu organisieren, in welchen sich die Subjekte selbst zu ihrer Subjektivität bilden, auf ihrem eigenen Weg, in ihrer eigenen Zeit."
- Schulz [12]2006, S. 56: „Erziehung definiere ich heute als Bezeichnung für alle jene Interaktionen, mit denen Menschen, Mitglieder einer Gesellschaft, das entwicklungsbedingte Informations-, Verhaltens- und Wertungsgefälle untereinander dauerhaft abbauen wollen, nicht primär, um unmittelbar Aufgaben in Natur und Gesellschaft zu lösen, vielmehr, um insbesondere die jüngeren, orientierungs-, einstellungs- und handlungsunsicheren Interaktionspartner zu befähigen, sich

selbst als über sich verfügende Personen hervorzubringen oder wiederzugewinnen, in Auseinandersetzung mit den ökonomischen, gesellschaftlichen und kulturellen Ordnungen, die kritisch aufzunehmen wie mitbestimmen zu lehren und zu lernen gleichermaßen das Ziel ist: Bildung."
- Koerrenz 2010, S. 27: „Erziehung ist ein intentionales Handeln – ein intentionales Handeln mit einer ganz bestimmten Vorstellung von Erwachsen-Sein, d. h. von der Teilhabe des Individuums an der Kultur."
- Prange 2012, S. 81 ff.: „Worin besteht nun das eigentümlich pädagogische Verhalten, sozusagen die ‚einheimische Operation' des Erziehens […]? Es ist das Zeigen. […] Das ist in der Tat die herkömmliche und keineswegs überholte Vorstellung dessen, worum es in der Erziehung geht: Darstellung der Welt […], um sich in ihr einigermaßen selbständig behaupten zu können. […] Fehlt das Darstellen und das Zeigen, dann keine Erziehung. […] Zeigen ist ein Prädikat mit drei Leerstellen (wer, was, wem), anders als das Lernen. Lernen ist primär ein zweistelliges Prädikat. ‚Ich lerne etwas'. […] Das Erziehen […] bemächtigt sich des Lernens, um es zu beschleunigen, zu kontrollieren und vor allem auch: um es zu begrenzen. Für diese Operation gibt es ein Subjekt des Zeigens (wer), ein Thema (was) und einen Adressaten (wem)."

Die Reihe der Definitionen lässt sich ohne Weiteres vervollständigen. Wesentliche Unterschiede treten jedoch bereits bei dieser Auswahl zu Tage: Beispielsweise spiegelt sich das unterschiedliche Wissenschaftsverständnis der Autoren in der Einbindung von normativen bis ideologiekritischen Orientierungen in die Begriffsbestimmung auf der einen Seite sowie in der Absicht, wertneutral[1] zu definieren, auf der anderen Seite wider. Damit geht u. a. die Ungleichheit hinsichtlich der Kennzeichnung der beteiligten Akteure einher: Ein Teil der Definitionen beschränkt sich auf das Generationenverhältnis; d. h. Erwachsene erziehen, Kinder und Jugendliche werden erzogen. Der andere Teil enthält offenere Formulierungen wie „Menschen" (Brezinka) oder „Subjekt des Zeigens"/„Adressaten" (Prange), was u. a. bedeutet, dass Erwachsene ebenfalls erzogen werden können – übrigens auch von Kindern. Eine weitere Differenz betrifft die Gewichtung von sozialer und individualistischer Betrachtungsweise des erzieherischen Verhältnisses. Wird einseitig individualistisch argumentiert und damit unterschätzt, dass menschliche Individuen für ihre physische und psychische Entwicklung der menschlichen Gemeinschaft bedürfen

---

[1] Dazu z. B. Prange 2012, S. 79: „Was meinen wir, wenn wir von ‚Erziehung' sprechen? Und zwar vernünftiger- und richtigerweise, nicht dann, wenn wir uns ein Ideal ausdenken und von Verhältnissen schwärmen, die sein sollen, aber leider nicht sind? Die leitende Frage ist, wie die Erziehung überhaupt funktioniert, woran man sie erkennt, aus welchen Operationen sie besteht".

und umgekehrt? Oder überwiegt – genau so verengend – das Interesse am Erhalt von Lebensordnungen und Kulturinhalten einer Gesellschaft z. B. in Gestalt einer Staatspädagogik? Oder wird der Zu-Erziehende als gesellschaftliches Mitglied mit eigenen Ansprüchen und persönlichem Gestaltungswillen betrachtet – regen also die Definitionen an, individualistische und soziale Aspekte des Phänomens Erziehung in ihrem dialektischen Verhältnis zu betrachten und zu analysieren?

Nun gehört es zum Wesen von Definitionen, dass ihnen kein Wahrheitswert zugeordnet werden kann; es sind einfach Festlegungen, innerhalb derer man sich mit seinen Argumenten und Berechnungen bewegt. Es gibt gute Gründe, sich für oder gegen diese oder jene Bestimmung zu entscheiden, aber über Wahrheit lässt sich hier nicht befinden. Dennoch ist eine begriffliche Basis nötig, um einigermaßen sicherzustellen, dass wir miteinander über das Gleiche reden bzw. in unseren vorsichtigen Annahmen verstanden werden.

Angesichts der Vorbemerkungen möchte ich durch den Vergleich der verschiedenen Definitionen mit einer systematischen Reduktion des komplexen Phänomens Erziehung auf ein begriffliches Gerüst beginnen, um einerseits den Zusammenhang von Erziehung und Unterricht kenntlich zu machen sowie andererseits das Skelett mit didaktischem Blick und einem aufklärerischen Kulturverständnis neu zu beleben. Von dieser Prämisse ausgehend wird Unterricht dann als eine Kultur des Lehrens und Lernens gedacht, in der die Schülerinnen und Schüler nicht nur als einfach Zu-Belehrende agieren, sondern als aktive Gestalter des Unterrichts auftreten, der sie fast täglich betrifft und für den sie schon aufgrund der Schulpflicht zuständig sind. Aus allgemeindidaktischer Perspektive zeichnet sich ein Weg ab, der darauf zielt, bei den Lernern die Aufmerksamkeit gegenüber dem Lernen anderer zu wecken, um jene Aufmerksamkeit als Quelle für das eigene Lernen erfahrbar zu machen.

Unterrichten oder Erziehen? Zum Zusammenhang von Erziehung und Unterricht

2

Die Frage nach einem Zusammenhang von Erziehung und Unterricht scheint sich zu erübrigen, verfolgt man die immer wieder neu geführten Debatten um die Hauptaufgabe von Lehrerinnen und Lehrern – „Unterrichten oder Erziehen?". Diese Frage entwickelt sich nicht selten zur abgrenzenden Entscheidungsfrage, indem entweder die Wahl ganz selbstverständlich auf den Unterricht fällt und Erziehung als etwas betrachtet wird, das ausschließlich in den Zuständigkeitsbereich der Eltern fällt. Oder es wird hinsichtlich des beruflichen Selbstverständnisses von Lehrerinnen und Lehrern die Erziehung als Additiv zum Unterricht hinzu gefordert, um z. B. Unsicherheiten und Überforderungen der Eltern hinsichtlich geltender Normen und Werte zu kompensieren, oder weil das Auftreten von Gewalt an Schulen ein erstzunehmendes Problem darstellt, dem nicht allein durch Unterricht zu begegnen sei. Ein solches Verständnis bringt die pädagogischen Tätigkeiten des Erziehens und Unterrichtens in einen Gegensatz: Der Unterricht hat danach die Funktion zu erfüllen, Inhalte und Methoden weiterzugeben, die in Lehrplänen verankert sind und aus einer Fachlogik resultieren. Erziehung dagegen sei davon unabhängig auf Verhalten und Persönlichkeitsformung entsprechend anerkannter Werte- und Normvorstellungen gerichtet.

Die hier skizzierte und durchaus populäre Entfremdung von Erziehung und Unterricht soll anhand der angekündigten systematischen Reduktion in Frage gestellt werden. Bei aller Verschiedenheit der oben erwähnten Erziehungsdefinitionen lässt sich so etwas wie eine Schnittmenge an Merkmalen herauskristallisieren, die einen Minimalkonsens beschreibt. Danach ist Erziehung strukturlogisch durch mindestens drei Merkmale gekennzeichnet (vgl. auch Winkler [2]1996, S. 64 f.):

- *Erstens* ist Erziehung ein Geschehen zwischen den Generationen, das aufgrund der Totalverantwortung für das Kind unmittelbar nach seiner Geburt immer wieder auftritt. Der Mensch, der in eine „geschichtliche, gesellschaftlich determinierte, sozial und kulturell kodierte Welt hineingeboren" wird, „die sich nicht unmittelbar selbst expliziert" (Winkler 2006, S. 77) und der er absolut hilflos ausgesetzt ist, benötigt in dieser Situation wegen seines „Status einer Frühgeburt" (ebd.) existentiell Zuwendung und Pflege.

- *Zweitens* erfolgt das Zusammenwirken der beteiligten Personen keineswegs unmittelbar und direkt, sondern über ein gegenständliches Moment; Wolfgang Sünkel spricht vom „dritten Faktor" (2011, S. 41) der Erziehung. Erzieher und Zögling treffen – formal betrachtet – in der „Objektivität der Welt" (Winkler 2006, S. 184), die sich „zunächst in ihren natürlichen Bedingungen, dann in der Verbindlichkeit von Gesellschaft und Kultur" zeigt, aufeinander. Natur, Kultur und Gesellschaft bilden „das Feld von Möglichkeiten, die wahrgenommen werden müssen und über die Entscheidungen stattfinden". (Vgl. ebd.) Es stellt sich die klassische Frage nach dem Zweck der Erziehung: Was will die ältere Generation mit der jüngeren? (Schleiermacher) Die ältere Generation gibt etwas aus der sie umgebenden natürlichen, kulturellen und gesellschaftlichen Welt weiter, damit die jüngere zunehmend befähigt wird, in dieser Welt auf eine gewisse Art – je nach Zweck – leben zu können. Erziehung hat demzufolge mit der Tätigkeit des Vermittelns zu tun.
- *Drittens* ereignet sich Erziehung aber nur, wenn beide Seiten zusammenwirken, d. h. wenn auch angeeignet wird. Lässt sich der Zu-Erziehende nicht auf den Erzieher und seine Lernangebote ein, dann findet Erziehung nicht statt. Michael Winkler (vgl. ²1996, S. 65) fasst in Anlehnung an Sünkel dieses Merkmal in den Begriff der Bisubjektivität. Im Dritten Faktor muss derjenige, auf den die Erziehung gerichtet ist, „einen Zusammenhang entdecken können, der für [ihn] selbst Gewicht hat", weil er „mit ihm ein soziales und kulturelles Netz identifizieren kann, in welchen [er] eingebunden ist und in welches [er] sich selbst verstricken kann" (Winkler 2006, S. 277).

Das entstandene begriffliche Skelett sieht im Bild veranschaulicht wie folgt aus (siehe Abb. 2.1):

Der „dritte Faktor" symbolisiert die Gebundenheit von Erziehung an Inhalte und erinnert an die von Johann Friedrich Herbart mittels logischer Kombinatorik hergeleiteten Zusammenhänge von Erziehung und Unterricht sowie von Erziehungstheorie und Didaktik (vgl. Coriand 2013): Es „muß […] etwas Drittes zwischen Erzieher und Zögling in die Mitte gestellt werden als ein solches, womit dieser von jenem beschäftigt wird. So etwas heißt *unterrichten*. Das Dritte ist der Gegenstand, *worin* unterrichtet wird. Der hierher gehörige Teil der Erziehungslehre ist die Didaktik" (Herbart 1814/²1982, S. 262, Hervorh. i. Orig.). Dem folgend demonstriert diese modellhafte Reduktion zugleich, dass Unterricht – zumindest

2 Unterrichten oder Erziehen? Zum Zusammenhang ...

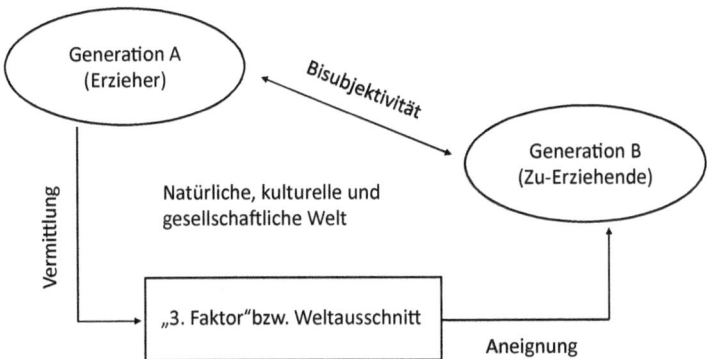

Abb. 2.1 Strukturmerkmale von Erziehung

der Schulunterricht[1] – *eine* Erscheinungsform von Erziehung darstellt, d. h. Erziehung nicht etwas Nebulöses ist, das abgesondert von oder irgendwie zusätzlich im Unterricht stattfindet. Die drei Merkmale sind identifizierbar: Im Unterricht der Schule steht ein zweckabhängiger Aneignungsgegenstand (3. Faktor) im Mittelpunkt. Und während seiner Vermittlung und Aneignung gehen Lehrer (ältere, den Unterricht verantwortende Generation) und Schüler (jüngere Generation) miteinander (Bisubjektivität) um. Erziehung beginnt nicht erst dann, wenn die Werte und Normen bzw. die hehren Ziele ins Spiel kommen, denn für Werte und Normen sollte man sich entscheiden dürfen und vor allem *können*. Und dafür braucht es Wissen und Urteilsvermögen, wofür der Unterricht in seinem ganzen fachlichen Spektrum zuständig ist. Erziehung inhaltsleer zu denken bzw. inhaltsunabhängig auf persönlichkeitsformende Beziehung zu beschränken kann nur einen nicht rechtfertigbaren Übergriff auf die Heranwachsenden bedeuten.

Kognitive und soziale Dimension von Erziehung befinden sich außerdem in direkter Abhängigkeit vom kulturellen Kontext, was z. B. Tomasello (2010, S. 84, Hervorh. i. Orig.) in seinen anthropologisch-philosophischen Studien mit Kindern und Schimpansen nachweist und deren Ergebnisse er wie folgt zusammenfasst: „Die normale menschliche Ontogenese umfasst [...] zwingend eine kulturelle Dimension, die in der Entwicklung anderer Primaten nicht vorkommt. Menschliche Individuen müssen lernen, wie andere Mitglieder ihrer Kultur bestimmte Dinge

---

[1] Das Feld der Didaktik erschöpft sich nicht in schulischen Lehr-Lern-Prozessen, aber entsprechend des vorgenommenen Vergleichs von Erziehungsdefinitionen mit dem Ziel, die Strukturmerkmale herauszufinden, die *allen* untersuchten Definitionen gemeinsam ist, bleibt Erziehung zuallererst eine Aufgabe der Erwachsenen gegenüber den Nachwachsenden. Damit gerät z. B. die Unterrichtung Erwachsener noch nicht in den Blick der Didaktik.

tun. Mehr noch: Sie müssen lernen, welche Handlungen andere von ihnen *erwarten*. […] Ein Kind […] könnte sich ohne die Vorgaben der menschlichen Kultur und seine Motivation, daran teilzuhaben, nicht zu einer normal funktionierenden Person entwickeln. Die Menschen sind biologisch daran angepaßt, in einem kulturellen Kontext heranzuwachsen. Durch unsere gemeinsamen Bemühungen haben wir unsere eigenen kulturellen Welten geschaffen, und wir passen uns ihnen permanent an."

Beginnt man nun unter Zugrundelegung dieser dem Menschen wesenseigenen Dialektik von Anpassung und Gestaltung das Begriffsgerüst zu Erziehung durch die Zweckbestimmung einer humanistisch geprägten, demokratischen Gesellschaft einschließlich der ihr eigenen Kultur mit Leben zu füllen, so antizipieren „Sache" und „persönlicher Umgang" als in der pädagogischen Praxis nicht zu trennende allgemeine Mittel der Erziehung die Selbständigkeit und Autonomie des Subjekts in seinem aktiven Bezug zur Gesellschaft. In dem Sinn mündet Erziehung in die Bemühung, Lernen anzuregen, das der Subjektwerdung durch die Auseinandersetzung mit der natürlichen, gesellschaftlichen und kulturellen Welt dient und auf eine verantwortliche Teilhabe an der Gesellschaft vorbereitet. Erziehung mit dieser Zwecksetzung kann als Versuch verstanden werden, Bildung in der klassischen Deutung von Selbstbestimmung des Menschen, die sich auf der Verantwortung gegenüber anderen gründet, zu ermöglichen. Dafür seien – so Michael Winkler (vgl. 2003, S. 49 und 2010, S. 102 f.) – zunächst Sorge und Liebe in der Familie nötig, um an Persönlichkeit zu gewinnen. Die Entwicklung und Wahrung eines stabilen Selbstverständnisses bedarf jedoch der Erweiterung auf soziale Interaktionen außerhalb des familiären Kontextes. Bildung benötige andere Bezugspersonen – zunächst im immer noch geschützten und umgrenzten Raum z. B. der Schule, in welchem wir Zugang zu „gefilterten" (ebd., S. 102) Informationen über die Welt gewinnen. In den Kontexten der Schule und der Welt außerhalb von Familie und Schule entwickeln sich die differenzierten Beziehungen zu anderen Personen und Personengruppen, die nötig sind, um zu lernen, sich in andere zu versetzen, die Sichtweisen, die Perspektiven anderer zu übernehmen und sich selbst zu eigen zu machen, um sich so als Person im Verhältnis zu anderen zu erfassen und zu begreifen. Die Perspektivenübernahme gilt nach Winkler (vgl. ebd., S. 103) als wesentliche Bedingung für die der Bildung innewohnende moralische Kompetenz.

3 Die Kultur des Lehrens und Lernens als Kultur der gegenseitigen Aufmerksamkeit

Der Mensch ist – wie es die Referenzautoren bestätigen – gleichermaßen kulturbestimmt wie kulturbestimmend, und es ist unstrittig, dass die Schule als eine besondere Trägerin und Überlieferin von Kultur eine Schlüsselfunktion in dieser Dialektik von Anpassung und Gestaltung besitzt. Es gehört in unserem kulturellen Raum zu den Hauptaufgaben von Schule und Unterricht, auf die Möglichkeiten hinzuweisen, welche eine Gesellschaft bzw. Kultur ihren Subjekten eröffnet, damit sie ihre Subjektivität entfalten können.

Vor dem Hintergrund möchte ich Erziehung durch Unterricht als eine Kultur des Lehrens und Lernens umreißen, die von der gegenseitigen Aufmerksamkeit der Unterrichtsakteure getragen wird. Dabei ist für mich nachstehender Kulturbegriff in Anlehnung an Schneider (2010, S. 65) sowie Fröhlich, Kenklies, Koerrenz, Schneider und Winkler (2010, S. 11) erkenntnisleitend: Kultur stellt eine Gesamtheit des von Menschen Geschaffenem dar, die sich

- einerseits in Artefakten, Soziofakten und Mentefakten manifestiert sowie
- andererseits die Gestaltbarkeit menschlicher Daseinsbedingungen und des eigenen Lebens impliziert, was die Aufgabe und Fähigkeit zur Reflexion des Manifestierten zur Voraussetzung hat.

In dem Zusammenhang gilt mein Interesse weniger den tradierten und zu lehrenden Kulturgütern in Gestalt der Lehrplaninhalte, sondern vielmehr der Frage, wie die Gestaltbarkeit menschlicher Daseinsbedingungen als kooperative Leistung bereits im Unterricht erfahrbar wird. Eine darauf gerichtete Forschungsperspektive folgt der These, dass dieser Erlebensprozess neben stark geführten Unterrichtssituationen auch solche voraussetzt, die zwischen den lehrenden und lernenden Akteuren didaktisch verhandelbar sind. Ich bin also an einer Forschungsperspektive interessiert, die die primär Lernenden als Subjekte unterrichtlicher Kooperations- und Kommunikationsprozesse ernst nimmt und Möglichkeiten wie Grenzen einer aktiven Teilhabe der primär Lernenden an der Planung, Gestaltung und Reflexion von Lehr-Lern-Prozessen untersucht. Schüler werden nicht einfach als Teilnehmerinnen eines Unterrichts verstanden, dem sie ausgesetzt sind und der für sie eingerichtet wird, sondern als Akteure des Unterrichts, den sie mitbestimmen und mitgestalten.

Aus allgemeindidaktischer Perspektive liefert beispielsweise Lothar Klingbergs „Konzept des lernenden Lehrens und lehrenden Lernens" (1990, S. 39 ff.) überlegenswerte Anknüpfungspunkte. Klingberg stellt die lineare Ausdeutung der didaktischen Grundrelation vom Lehren und Lernen – der Lehrer lehrt und führt; die Schülerinnen lernen und werden geführt – in Frage und kritisiert das folgende einseitige Verständnis: Für didaktische Handlungen einschließlich der Ausprägung entsprechender Kompetenzen sind die professionell Lehrenden zuständig, dafür sind sie ausgebildet und durch einen Arbeitsvertrag legitimiert. Zu ihrem beruflichen Selbstverständnis gehört es, den Unterricht zu planen, in Szene zu setzen und über ihn zu reflektieren. Dass Lernende in der erhofften Weise reagieren, ausführen, mitmachen, sich einbringen, wird stillschweigend vorausgesetzt.

Im Verlaufe der Entwicklung seines Konzeptes zeigt Klingberg, dass das Lernen „keine zusätzliche oder aparte, sondern eine inhärente Komponente des Lehrens" (ebd., S. 41) ist, denn „das Lernen [ist] über weite Strecken auch ein Sich-selbst-Belehren" (ebd.). Auch gehe das Lehren permanent mit Lernen einher (vgl. ebd., S. 39). Somit gelangt er zu einer Relativierung des Diktums: „Der Lehrer lehrt – die Schüler lernen" (ebd.). Die alte Weisheit, dass man besonders gut durch Lehren lernt, gelte nicht nur für den Lehrer. Auch Schüler verstünden manches besser, wenn sie eine partielle Lehrfunktion übernehmen würden, denn man muss die eigenen Lernschritte für andere nachvollziehbar gestalten und damit während der Planung selbst noch einmal bewusst vollziehen. Lerndefizite und Unklarheiten werden auch für Schülerinnen und Schüler durch den Akt des Lehrens fühlbar, entweder in der Form der eigenen Unsicherheit oder in der Kritik der Adressaten oder in deren Unaufmerksamkeit. Der Erfolg wiederum, die Mitschüler für die präsentierte Sache eingenommen zu haben, wirkt lernmotivierend. Zudem ist hinlänglich bekannt, dass Schülerinnen und Schüler Dinge oft besser verstehen und behalten, wenn sie von Lernern etwa des gleichen Alters erklärt werden. Dementsprechend entwirft Klingberg – entgegen populärer didaktischer Postulate der Art, die Lernenden mögen im Unterricht in erster Linie das Lernen lernen – eine allgemeindidaktische Theorie, die durch die weitreichendere Zielperspektive, nämlich den Lernern im und durch Unterricht das Lehren mittels Planungs-, Gestaltungs- und Reflexionsbeteiligung zu lehren, gekennzeichnet ist. Ohne Zweifel ist jeder einzelne Mensch lernbedürftig (vgl. Brezinka ³1995, S. 85 ff.); er muss lernen, um zu leben, sich zu entwickeln und individuelle Lebenspläne zu verfolgen. Aber darüber hinaus

3 Die Kultur des Lehrens und Lernens …

dient das Lernen einem kulturell bestimmten Zweck: Der Mensch lernt im weitesten Sinne, um nachfolgende Generationen in die bestehende Kultur einzuführen, d. h. er lernt auch für diese Lehraufgabe.

Das Lernen findet in Formen des Lehrens einen Abschluss und das Gelernte erfährt eine besondere Art der Überprüfung in dem Grad des Vermögens, es an andere weiter geben zu können. Die individuelle Zielperspektive des pädagogisch oder psychologisch legitimierten Lernens (selbstbestimmt, selbstreguliert, selbstgesteuert usw.) wird um die sozial folgenreichere erweitert. Pädagogisch riskant dabei ist jedoch, dass die Qualität der Lernerbeteiligung unstrittig von dem Vermögen der Lernenden, sich im eigenen Interesse wie auch im Interesse des Lernfortschrittes der anderen einbringen zu können, abhängig ist und die antizipierte Mitverantwortung eben auch zu Lasten des Lernfortschritts anderer Lerner gehen kann. Bei aller Unsicherheit, die dem pädagogischen Handeln grundsätzlich inne wohnt, gehört es aber zur Verantwortung des professionell Lehrenden, die Qualität der Beteiligung nicht dem bloßen Zufall des augenblicklichen Vorhandenseins bestimmter Fähigkeiten und Persönlichkeitseigenschaften der Lernenden zu überlassen. Soll eine Lehr-Lern-Kultur entstehen, die von gegenseitiger, inhaltlich gebundener Aufmerksamkeit getragen wird und von ihr profitiert, dann bedarf Selbst- und Mitbestimmung im Unterricht der didaktischen Qualifizierung. Das veranlasst Klingberg schließlich zu dem originären Zuschnitt seiner didaktischen Positionen, nämlich das Problem der Anerkennung und Förderung didaktischer Kompetenz Lernender – in genauer Unterscheidung zur didaktischen Kompetenz derer, die explizit auf den Lehrberuf vorbereitet werden – zu einer Grundfrage seiner erziehungstheoretisch begründeten Allgemeinen Didaktik zu erheben.

Didaktische Kompetenz von Lehrerinnen und Lehrern zeigt sich nach Klingberg einerseits in der objektiven *Zuständigkeit* und Verantwortung für unterrichtliche Lehr-Lern-Prozesse sowie andererseits in ihrem Vermögen (*Handlungs- und Urteilsfähigkeit*), das Faktorengefüge des Unterrichts (Ziele, Inhalte, Methoden) so in Bewegung zu setzen und zu dynamisieren, dass in einem kreativen Lehr-Lern-Prozess gesellschaftlich geforderte *und* pädagogisch legitimierte Ziele erreicht werden. Dieses Vermögen erstreckt sich über Planung, Gestaltung sowie Reflexion von Unterricht. (Vgl. ebd., S. 74 ff.) Wenn Klingberg nun eine didaktische Kompetenz Lernender geltend macht, dann geht es ihm nicht um die leichtfertige Preisgabe dieser mit dem Begriff der didaktischen Kompetenz originär verbundenen *Position* und *Qualifikation* der professionell Lehrenden. Aber er räumt ein, dass es Übergänge bzw. Qualitätsstufen von bloßem, spontanem Lehren hin zu didaktisch qualifiziertem Lehren gibt, dass diesbezüglich Kompetenzsteigerungen möglich sind, die ebenso Lernende als *zuständige* Akteure von Unterricht betreffen. (Vgl. ebd., S. 76) Von besonders erzieherischem Wert ist dabei, dass sich der Blick des lehrenden

Lerners vom eigenen Lernen auf das Lernen der Mitschüler weitet, denn didaktische Kompetenz misst sich am Lernerfolg der anderen. Es geht nicht ausschließlich darum, eigene Ergebnisse oder die Ergebnisse der Gruppe zu präsentieren, um eine bestimmte Leistung oder Leistungsfähigkeit nachzuweisen, sondern auch und vor allem darum, die Ergebnisse für die übrigen so aufzubereiten, dass sie etwas für sich verwerten können. Der Perspektivenwechsel eröffnet Möglichkeiten, Verantwortung zu übernehmen. Oder anders ausgedrückt: Es wird eine individuelle fachliche Leistungssteigerung antizipiert, die auch aus dem respektvollen, uneigennützigen sowie lernförderlichen Umgang mit anderen hervorgeht. Die sachliche Komponente von Erziehung, der sich vor allem die Didaktik zuwendet, wird in Verbindung zur personalen gedacht. Die Allgemeine Didaktik bliebe nach Klingberg so nicht auf dem Niveau einer „Technologie perfektionierten Lehrens und Lernens" stehen, sondern sei dann als „Pädagogik des Unterrichts" zu fassen. (Vgl. ebd., S. 66)

Die Beispiele für die praktische Ausgestaltung des Konzepts lernenden Lehrens und lehrenden Lernens bzw. für die Schülerbeteiligung an den didaktischen Kompetenzbereichen der Planung, Gestaltung und Reflexion von Unterricht sind außerordentlich vielfältig. Vor allem aber sind sie während der schöpferischen Arbeit der Lehrerinnen und Lehrer z. B. unter den Gesichtspunkten der unterschiedlichen Leistungspotenzen, Wissensbestände, Interessenlagen sowie kulturell geprägten Verschiedenheiten der Lerner immer wieder neu zu denken und zu bedenken. Deshalb sei hier nur exemplarisch auf einige Forschungs- und Erfahrungsberichte hingewiesen, die die lernstimulierende und erzieherische Wirkung der Förderung didaktischer Kompetenzen von Lernenden untersuchten. Die Palette der Möglichkeiten[1] betrifft z. B. die Leitung von Stundenabschnitten durch Schülerinnen und Schüler in Gestalt eines schülerorientierten Frontalunterrichts: So planen die primär Lernenden selbständig oder in Partnerarbeit oder mit Unterstützung der professionell Lehrenden so genannte tägliche Übungen insbesondere in Mathematik, den Fremdsprachen sowie im muttersprachlichen Unterricht und leiten diese Unterrichtsphasen. Der Ergebnisvergleich gehört dazu, um zu lernen, auch auf Fehler und Fragen von Mitschülern zu reagieren. Analoge Übungen entsprechend der Fachspezifik betreffen beispielsweise die Erwärmung im Sportunterricht oder topographische Übungen in Geographie. Die Leitung von Stundenabschnitten durch Schüler kann sich des Weiteren auf die Wiederholung länger zurückliegenden Unterrichtsstoffes zur Vorbereitung auf die Arbeit am neuen Stoff in Form eines Unterrichtsgespräches oder auf Schülerkurzvorträge zur Einführung, zur Arbeit am neuen Stoff oder für die Systematisierung erstrecken. Solche Kurzvorträge sollten in der Regel Gesprächselemente enthalten, um die gegenseitige

---

[1] Auf Grenzen weisen u. a. Meyer/Jessen in ihrem Beitrag (2000) hin.

Aufmerksamkeit und die Kommunikationsfähigkeit zu unterstützen. (Vgl. hierzu u. a. Coriand 1989, 1996; Martin 1998)

In den verschiedenen Formen des Partner- und Gruppenlernens können die Schülerinnen und Schüler durch den unmittelbaren Austausch aktiv am Unterrichtsprozess teilnehmen und durch die gegenseitigen Erklärungen vom Lernen der Kooperationspartner profitieren.

Schließlich werden Möglichkeiten aufgezeigt, die Lernenden zur bewussten Reflexion ihres eigenen Lernprozesses anzuregen, sie in die Reflexion der Leistungen ihrer Mitschüler sowie des Unterrichts insgesamt einzubeziehen. (Vgl. z. B. Coriand 1989; PÄDAGOGIK 2001; Friedrich und Witt 2010)

Übrigens – soviel als Schlussbemerkung: Schon in der Antike wurde dem Lehren die Weckung und Bewahrung von gegenseitiger Aufmerksamkeit als kulturelle Aufgaben übertragen. Die alten Griechen sahen im Lehren erst den Abschluss des Lernens, weil das Lernen dem höheren Zweck dienen sollte, das Gelernte lehren zu können. „Keinen schöneren Beweis ihres Wissens können die Wissenden geben, als wenn sie andre wissend zu machen vermögen." (Platon zit. n. Willmann 1906, S. 411)

Literatur

Brezinka, Wolfgang. ³1995. *Erziehungsziele, Erziehungsmittel, Erziehungserfolg*. München: Basel: Reinhardt.
Coriand, Rotraud. 1989. Erhöhung der Effektivität des Unterrichts durch Übertragen von Mitverantwortung an Schüler für kollektive Lernerfolge – untersucht im Mathematikunterricht der Klassen 6 und 9. Jena. Friedrich-Schiller-Universität, Diss. A (unveröff.).
Coriand, Rotraud. 1996. „Subjektposition" und Unterrichtsgestaltung – nachträgliche Gedanken über einen Forschungsansatz innerhalb der DDR-Didaktik. *Neue Sammlung* 36 (4): 545–556.
Coriand, Rotraud. 2013. *Grundlagen Allgemeiner Didaktik. Die Modelle Herbarts, Stoys und Willmanns*. Jena: Garamond.
Friedrich, Ditmar, und Witt Katja. 2010. Sich über das Lernen verständigen. Möglichkeiten von Schülerfeedbacks und „Ich-kann-Checklisten". *PÄDAGOGIK* 62 (12): 21–25.
Fröhlich, Manuel, Karsten Kenklies, Ralf Koerrenz, Käthe Schneider, und Michael Winkler. 2010. Anfänge – Zur Entstehungsgeschichte des Instituts für Bildung und Kultur. In *Bildung und Kultur – Illustrationen*, Hrsg. Manuel Fröhlich, Karsten Kenklies, Ralf Koerrenz, Käthe Schneider und Michael Winkler, S. 7–17. Jena: Garamond.
Herbart, Johann Friedrich. 1804/³1884. Über die ästhetische Darstellung der Welt, als das Hauptgeschäft der Erziehung. In *Joh. Friedr. Herbarts Pädagogische Schriften*, Hrsg. Friedrich Bartholomäi. S. 184–200. Langensalza: Beyer & Söhne.
Herbart, Johann Friedrich. 1814/²1982. Replik auf Jachmann's Rezension der „Allgemeinen Pädagogik". In *Johann Friedrich Herbart: Pädagogische Schriften*, Hrsg. Walter Asmus, 2. Bd., S. 260–266. Stuttgart: Klett-Cotta.
Key, Ellen. 1900/1992. *Das Jahrhundert des Kindes*. Autorisierte Übertragung von Francis Maro. Neu hrsg. mit einem Nachwort von Ulrich Herrmann. Weinheim [u.a.]: Beltz.
Klingberg, Lothar. 1990. *Lehrende und Lernende im Unterricht*. Berlin: Volk und Wissen.
Koerrenz, Ralf. 2010. Aufklärung durch Erziehung. Über die pädagogischen Paradigmen der europäischen Kultur. In *Bildung und Kultur – Illustrationen*, Hrsg. Manuel Fröhlich, Karsten Kenklies, Ralf Koerrenz, Käthe Schneider und Michael Winkler, S. 21–53. Jena: Garamond.
Martin, Jean-Paul. 1998. Das Projekt „Lernen durch Lehren" – fachdidaktische Forschung im Spannungsfeld von Theorie und selbsterlebter Praxis. In *Gymnasium: neue Formen des Unterrichts und der Erziehung*, Hrsg. Max Liedtke, S. 151–166. Bad Heilbronn: Klinkhardt.

Meyer, Meinert A., und Silke Jessen. 2000. Schülerinnen und Schüler als Konstrukteure ihres Unterrichts. *Zeitschrift für Pädagogik* 46 (5): 711-730.

Mollenhauer, Klaus. 1997. Was ist Erziehung – und wann kommt sie an ihr Ende? *Loccumer Pelikan* Nr. 4: 155-160.

PÄDAGOGIK. 2001. Schülerrückmeldung über Unterricht. Themenheft. Jg. 53, Heft 5. Weinheim: Beltz.

Prange, Klaus. 2012. *Erziehung als Handwerk. Studien zur Zeigestruktur der Erziehung.* Paderbonn: Schöningh.

Schneider, Käthe. 2010. Zur Bildung und Kultur in ontogenetischer Perspektive. In *Bildung und Kultur – Illustrationen*, Hrsg. Manuel Fröhlich, Karste Kenklies, Ralf Koerrenz, Käthe Schneider und Michael Winkler, S. 55-73. Jena: Garamond.

Schulz, Wolfgang. ^{12}2006. Die lehrtheoretische Didaktik. Oder: Didaktisches Handeln im Schulfeld. Modellskizze einer professionellen Tätigkeit. In *Didaktische Theorien*, Hrsg. Herbert Gudjons und Rainer Winkel, S. 35-56. Hamburg: Bergmann+Helbig.

Sünkel, Wolfgang. 2011. *Erziehungsbegriff und Erziehungsverhältnis. Allgemeine Theorie der Erziehung*, 1. Bd. Weinheim & München: Juventa.

Tomasello, Michael. 2010. *Warum wir kooperieren.* Berlin: Suhrkamp.

Willmann, Otto. 1876/1980. Vorlesung „Enzyklopädie der Pädagogik". In *Sämtliche Werke hg. von Heinrich Bitterlich-Willmann*, Hrsg. Otto Willmann, 4. Bd., S. 209-294. Aalen: Scientia.

Willmann, Otto. 1906. Lehren und Lernen. In *Encyklopädisches Handbuch der Pädagogik*, Hrsg. Wilhelm Rein, 1. Bd., S. 411-415. Langensalza: Beyer & Söhne.

Winkler, Michael. ^{2}1996. Erziehung. In *Einführung in die Grundbegriffe und Grundfragen der Erziehungswissenschaft*, Hrsg. Heinz-Hermann Krüger und Werner Helsper, S. 53-69. Opladen Leske+Budrich.

Winkler, Michael. 2003. Erziehung und Bildung in der Gesellschaft von heute: Hat Pädagogik noch eine Chance? In *Bildung ist mehr! Die Bedeutung der verschiedenen Lernorte*, Hrsg. Reiner Prölß, S. 39-53. Nürnberg: emwe-Verlag.

Winkler, Michael. 2006. *Kritik der Pädagogik. Der Sinn der Erziehung.* Stuttgart: Kohlhammer.

Winkler, Michael. 2010. Über die Entdeckung von Zusammenhängen – Arthur Schnitzlers „Ich", gelesen mit Interesse an Fragen der Pädagogik. In *Bildung und Kultur – Illustrationen*, Hrsg. Manuel Fröhlich, Karsten Kenklies, Ralf Koerrenz, Käthe Schneider und Michael Winkler, S. 77-109. Jena: Garamond.